Hergestellt in Deutschland
CO_2-Ersparnis durch kurze Lieferwege
Gedruckt auf FSC®-zertifiziertem Papier
Lösungsmittelfreier Klebstoff
Drucklack auf Wasserbasis
Farben auf Pflanzenölbasis

Weitere Infos gibt es hier:

www.magellanverlag.de/natürlich

1. Auflage 2024
© 2024 Magellan GmbH & Co. KG, Laubanger 8, 96052 Bamberg
Alle Rechte vorbehalten
Die Nutzung unserer Inhalte für alle Arten von Text und Data Mining
im Sinne von § 44 UrhG behalten wir uns ausdrücklich vor
Text: Johanna Prinz
Die Autorin wird vertreten durch die Michael Meller Literary Agency GmbH, München
Illustrationen: Jana Walczyk
Lektorat: Natalie Homan
Herstellung: Romy Schulz
Druck: Westermann Druck Zwickau GmbH
ISBN 978-3-7348-6015-7

www.magellanverlag.de

Johanna Prinz

ALLES IST IM WANDEL

Wie sich die Natur verändert

Illustriert von Jana Walczyk

Die Natur ist vielfältig und ständig in Bewegung. Nichts bleibt immer gleich, und häufig ist es genau dieser Wandel, der einen Lebensraum besonders macht. Manche Veränderungen – wie der Wechsel von Tag zu Nacht – sind Teil eines ewigen Kreislaufs. Andere sind einmalig oder treten nur selten auf. Veränderungen können schnell geschehen oder jahrmillionenlang andauern. Doch egal ob im eisigen Wind, zwischen wispernden Blättern oder unter plätschernden Wellen: Wandlungsprozesse gibt es überall auf der Welt. Und im Laufe der Zeit kann es passieren, dass selbst der Wandel sich wandelt.

In Kanada am Fluss Yukon sieht die Landschaft noch aus wie zur letzten Eiszeit. Mammuts streifen hier schon lange nicht mehr über die Ebenen. Doch der Wind treibt genau wie vor Tausenden von Jahren nadelspitze Eiskristalle vorüber und hält den Boden auch im Sommer gefroren. Aber manchmal taut die Erde auf und gibt Geheimnisse preis, die lange verborgen waren.

Elche sind die größten Hirsche der Welt. Sie sind zudem die einzigen Hirsche, die mehr als fünf Meter tief tauchen können, um an Pflanzen unter Wasser zu gelangen. Das Geweih der Elchbullen kann bis zu zwei Meter breit werden. Elchkühe hingegen sind geweihlos.

In einigen Teilen der Erde ist der Boden jahrzehntelang tiefgefroren – oft bis zu einer Tiefe von tausend Metern. Nur im Sommer kommt es vor, dass die obere Bodenschicht auftaut. Doch selbst dann wird die Erde des **Permafrostbodens** meist nur bis zu einem Meter tief weich.

Seit einigen Jahren wird die Luft über der kanadischen Ebene immer wärmer. Das lässt das Eis im Permafrostboden zunehmend schmelzen – und die oberen Bodenschichten sacken nach unten ab. Wenn sie in sich zusammenfallen, kann ein **Erdrutsch** entstehen, der einen richtigen Krater bildet.

Grizzlybären sind ständig auf der Suche nach Nahrung. Den Winter verschlafen sie in ihrer Höhle. Erst im Frühling gehen sie wieder auf Streifzug. Die Bären ernähren sich von Wurzeln, Beeren und Gras, doch auch Elche, Karibus oder Fisch stehen auf ihrem Speiseplan.

Die Schneidezähne des **Kanadischen Bibers** sind so scharf, dass er damit sogar Bäume fällen kann. Einige der Äste frisst der Biber. Aus anderen baut er einen Damm im Fluss, der das Wasser aufstaut. In dem so entstehenden See baut der Biber seine Biberburg, die im Innern seine Wohnhöhle verbirgt.

Tiere, die in der letzten Eiszeit starben, wurden manchmal im Permafrostboden eingefroren. Die Kälte hat sie bis heute erhalten. Wenn durch das Tauwetter tiefere Schichten im Boden weich werden, geben sie Knochen oder sogar ganze Tierkörper frei. Ein **Mammut**, das so zum Vorschein kommt, nennt man Eismumie.

Die sibirische Taimyrhalbinsel am Nordpolarkreis ist im Herbst von kalter Stille geprägt. Wo tagsüber Winde über karge Landschaften wehen und die eisige Luft so manche Pfütze gefrieren lässt, enthüllt die Nacht ein überraschendes Schauspiel: Sanfte Lichtschleier wandern über einen sternklaren Himmel und erleuchten einsame Ebenen. Schönheit gibt es auch dort, wo niemand ist, um sie zu bewundern.

Polarwölfe leben in Rudeln und arbeiten auch bei der Jagd zusammen. So sind selbst schnelle Schneehasen oder große Moschusochsen eine leichtere Beute. Das Fell eines Polarwolfes ist sehr hell: Es reicht von cremefarben bis hin zu schneeweiß.

Das Fell des **Schneehasen** ist im Sommer braun und beginnt im Herbst, weiß zu werden. Seine Ohren sind eher kurz, denn kurze Ohren geben weniger Wärme ab als lange. So friert der Schneehase im kalten Winter nicht.

Moschusochsen sind mit Ziegen verwandt und tragen besonders im Winter ein dichtes Fell. Bei Gefahr stellt sich die Herde so auf, dass alle Tiere einen geschlossenen Kreis bilden: Die erwachsenen Tiere schauen nach außen, die Kälber stehen geschützt in ihrer Mitte.

Polarlichter entstehen im Herbst und Winter in der Nähe der Pole, wenn winzige Energieteilchen in der gasförmigen Hülle der Erde mit ihrem Magnetfeld zusammentreffen. Dann entstehen nachts am Himmel bunte Schlieren, die immer wieder die Form verändern.

Weißwale leben in besonders kalten Gewässern – sogar im Eismeer. Ihr Name stammt von ihrer hellen Haut. Wegen ihrer pfeifenden Gesänge nennt man die Wale aber auch „Kanarienvögel der Meere".

Normalerweise durchwandern jedes Jahr Tausende **Rentiere** die Tundra. Doch seit einigen Jahren beginnt der Frühling früher als sonst, und die Flüsse werden tief und breit. So verschwinden viele Herden, weil ihre Jungtiere das schnell strömende Wasser nicht mehr überqueren können. Übrig bleiben nur die abgeworfenen Geweihe.

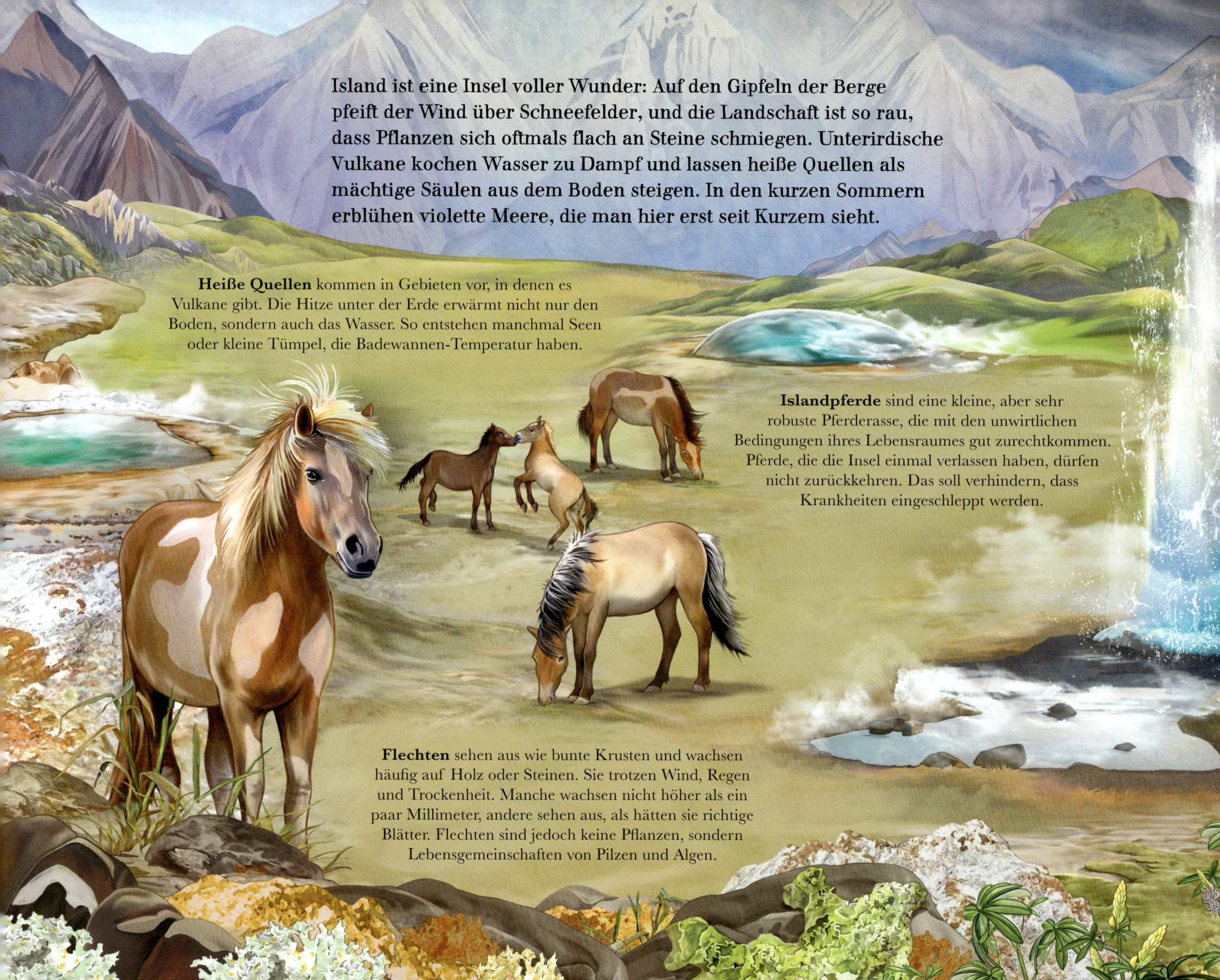

Island ist eine Insel voller Wunder: Auf den Gipfeln der Berge pfeift der Wind über Schneefelder, und die Landschaft ist so rau, dass Pflanzen sich oftmals flach an Steine schmiegen. Unterirdische Vulkane kochen Wasser zu Dampf und lassen heiße Quellen als mächtige Säulen aus dem Boden steigen. In den kurzen Sommern erblühen violette Meere, die man hier erst seit Kurzem sieht.

Heiße Quellen kommen in Gebieten vor, in denen es Vulkane gibt. Die Hitze unter der Erde erwärmt nicht nur den Boden, sondern auch das Wasser. So entstehen manchmal Seen oder kleine Tümpel, die Badewannen-Temperatur haben.

Islandpferde sind eine kleine, aber sehr robuste Pferderasse, die mit den unwirtlichen Bedingungen ihres Lebensraumes gut zurechtkommen. Pferde, die die Insel einmal verlassen haben, dürfen nicht zurückkehren. Das soll verhindern, dass Krankheiten eingeschleppt werden.

Flechten sehen aus wie bunte Krusten und wachsen häufig auf Holz oder Steinen. Sie trotzen Wind, Regen und Trockenheit. Manche wachsen nicht höher als ein paar Millimeter, andere sehen aus, als hätten sie richtige Blätter. Flechten sind jedoch keine Pflanzen, sondern Lebensgemeinschaften von Pilzen und Algen.

Geysire sind heiße Quellen, aus denen das Wasser oben herausschießt. Das passiert, wenn aus einer Wasserkammer unter der Erde Dampfblasen aufwärtssteigen. In der Röhre, die nach außen führt, wird der Druck immer größer, bis er das Wasser kraftvoll herausdrückt.

Die violette **Alaska-Lupine** wurde künstlich an einigen Stellen auf der Insel angepflanzt, damit ihre Wurzeln den Boden befestigen. Mittlerweile breitet sich die Pflanze von ganz allein weiter aus. Was das für Folgen haben wird, ist bislang noch nicht abzusehen.

Außerhalb der Brutzeit leben die **Papageientaucher** auf dem offenen Meer, wo sie Jagd auf Fische machen. Nur zum Brüten suchen die Vögel einmal im Jahr eine Klippe oder eine Küstenlandschaft auf, wo sie geschützte Höhlen finden.

Seit es in einigen Gebieten Lupinen gibt, findet man dort neuerdings auch **Sumpfohreulen**: Die heimischen Vögel nutzen die Lupinenfelder gerne zum Brüten, weil ihre Nester dort geschützt sind. So vergrößern die Lupinen das Brutgebiet der Eulen.

Wo sonst in einem kanadischen Hafen am Rande des Winnipeg-Sees die Masten im Wind schaukeln, ändert die Ankunft der Eintagsfliege im Sommer alles: Dann bricht sich das Sonnenlicht auf Millionen frisch entfalteter Flügel, und flatternde Insekten steigen in Scharen für ihren Hochzeitsflug aus den Wellen. Doch so schnell, wie sie gekommen sind, so schnell sind sie auch wieder verschwunden.

Während sich der **Gelbkopf-Schwarzstärling** im Sommer an Seeufern und in Schilfgebieten aufhält, wechselt er im Winter in wärmere Gebiete. Die Vögel fliegen in großen Gruppen in neue Gebiete. Manchmal schließen sie sich dabei auch mit anderen Vogelarten zusammen.

Der Schnabel des **Nashornpelikans** verändert im Laufe des Jahres seine Form: Während der Paarungszeit wächst den Vögeln ein Höcker oben auf dem Schnabel. Dieser gab dem Pelikan seinen Namen.

Das Leben der **Eintagsfliege** beginnt im Wasser, wo sie aus dem Ei schlüpft und etwa zwei Jahre lang als wurmartige Larve lebt. Nach der Wandlung zum erwachsenen Tier sucht sie sich schnell einen Platz, um ihre Eier abzulegen: Denn sie lebt nur wenige Tage.

Junge **Kanadamöwen** tragen zunächst ein braun-weiß geflecktes Gefieder. Doch schon bald wachsen ihnen die ersten grauen Federn. Erwachsene Möwen sind reinweiß und haben silbergraue Flügel.

Im **Winnipeg-See** warten viele Fische darauf, dass die Insekten ihre Eier im Wasser ablegen – die allermeisten davon landen im Magen hungriger Seebewohner. Seit einigen Jahren erwärmt sich jedoch das Wasser des Sees, was auch Einfluss auf die hier lebenden Tierarten hat.

Kormorane wechseln ständig zwischen Wasser und Land. Sie können sehr gut tauchen. Da es sich mit nassen Flügeln schlecht fliegt, haben die Vögel einen Trick entwickelt: Sie setzen sich ans Ufer, breiten ihre Flügel aus und lassen sie im Wind trocknen.

Während die Jahrtausende vorüberziehen, bleibt der Colorado-Fluss in Nordamerika beständig auf seinem Weg. Die Natur hat Zeit. Sandkorn um Sandkorn wird von Wasser und Wind aus dem Gestein gelöst und verschwindet stromabwärts. Wo der Fluss einst über flache Ebenen floss, schlängelt er sich nun durch tiefe Schluchten wie den Grand Canyon. Mancher Wandel verändert das Gesicht eines Lebensraumes für immer.

Der **Colorado River** ist mehr als 2.000 Kilometer lang. Je weiter sich der Fluss über Jahrtausende ins Gestein grub, desto tiefere und ältere Erdschichten kamen zum Vorschein. Heute sind diese Farbunterschiede im Grand Canyon gut zu sehen.

Um den hohen Temperaturen aus dem Weg zu gehen, hält sich die **Gila-Krustenechse** meistens unter der Erde auf. In der Dämmerung oder nachts geht sie auf die Jagd nach Insekten, Eidechsen, Eiern oder kleinen Wirbeltieren.

Das **Dickhornschaf** lebt im Gebirge und kann sehr gut klettern. Die Hörner der Weibchen sind etwas kürzer als die der Männchen und nicht zu einer Spirale gedreht. Im Sommer leben Männchen und Weibchen getrennt, erst im Winter schließen sie sich zusammen.

In den letzten Jahrzehnten wurde es im **Grand Canyon** immer heißer, während es zugleich immer weniger regnete. Das hat dazu geführt, dass der Boden sehr trocken ist. Auch einige Flüsse führen jetzt viel weniger Wasser als früher. Das könnte zu einem Problem für die dort lebenden Tier- und Pflanzenarten werden.

Die Flügel des **Kalifornischen Kondors** können eine Spannweite von bis zu drei Metern erreichen. Auf der Suche nach Aas lässt sich der große Vogel vom Wind über weite Strecken tragen. Kondore haben kahle Köpfe und Hälse. So wird ihr Kopf nach dem Fressen schneller wieder sauber.

Pumas sind auch auf felsigem Untergrund sehr trittsicher – so gelingen selbst Sprünge bis zu fünf Meter. Die Raubkatzen sind sehr schnell, können die hohe Geschwindigkeit aber nicht lange halten. Deshalb schleichen sie sich lieber an ihre Beute heran und springen plötzlich aus der Deckung hervor.

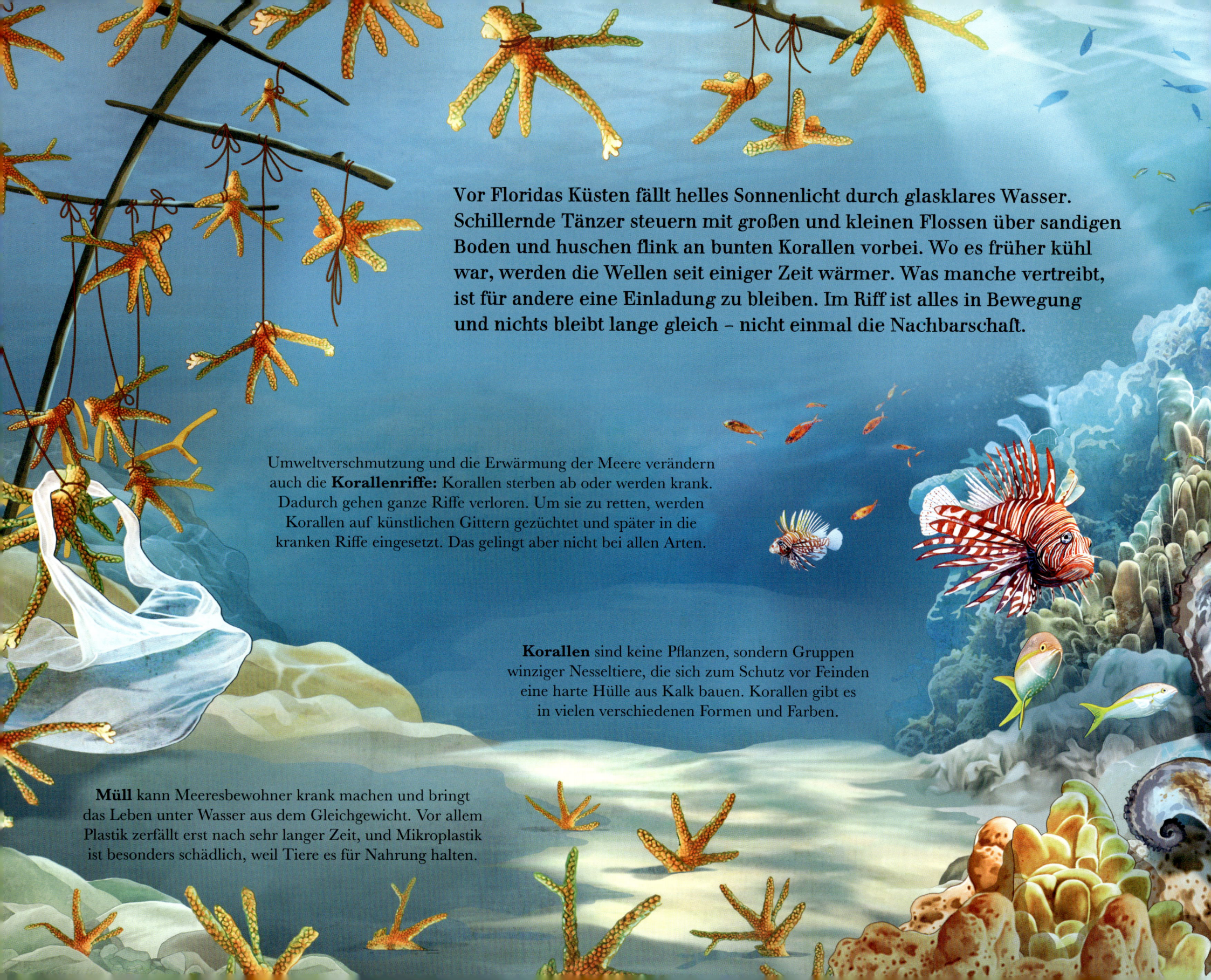

Vor Floridas Küsten fällt helles Sonnenlicht durch glasklares Wasser. Schillernde Tänzer steuern mit großen und kleinen Flossen über sandigen Boden und huschen flink an bunten Korallen vorbei. Wo es früher kühl war, werden die Wellen seit einiger Zeit wärmer. Was manche vertreibt, ist für andere eine Einladung zu bleiben. Im Riff ist alles in Bewegung und nichts bleibt lange gleich – nicht einmal die Nachbarschaft.

Umweltverschmutzung und die Erwärmung der Meere verändern auch die **Korallenriffe:** Korallen sterben ab oder werden krank. Dadurch gehen ganze Riffe verloren. Um sie zu retten, werden Korallen auf künstlichen Gittern gezüchtet und später in die kranken Riffe eingesetzt. Das gelingt aber nicht bei allen Arten.

Korallen sind keine Pflanzen, sondern Gruppen winziger Nesseltiere, die sich zum Schutz vor Feinden eine harte Hülle aus Kalk bauen. Korallen gibt es in vielen verschiedenen Formen und Farben.

Müll kann Meeresbewohner krank machen und bringt das Leben unter Wasser aus dem Gleichgewicht. Vor allem Plastik zerfällt erst nach sehr langer Zeit, und Mikroplastik ist besonders schädlich, weil Tiere es für Nahrung halten.

Die **Säulenkoralle** gilt in freier Natur als nahezu ausgestorben und ist daher besonders bedroht. Doch es ist gelungen, diese Korallenart in einem Aquarium zu vermehren. So könnten ihre Larven vielleicht eines Tages wieder in den Riffen angesiedelt werden.

Das Korallenriff ist die Heimat des **Karibischen Riffhais**. Zwischen den Korallen liegt sein Jagdrevier. Haie sind für das Gleichgewicht der Meere wichtig, denn sie fressen häufig kranke, schwache oder verletzte Tiere.

Niemand weiß, wie der lila-gelb gefärbte **Königsfeenbarsch** ins Riff vor Florida kam, denn eigentlich lebt er in der Karibik. Da das Wasser jedoch immer wärmer wird, fühlt er sich hier sehr wohl. Bei Gefahr verschwindet er blitzschnell in Höhlen oder Spalten im Riff.

Der **Karibische Riffkrake** gehört zu den Tinten-fischen und lebt in eher warmen Meeren. Tagsüber versteckt er sich oft, aber nachts geht er auf die Jagd nach Krebsen, Garnelen oder Hummern.

Der Amazonas in Südamerika folgt einem steten Rhythmus. Fast immer fließt der Fluss ruhig und ohne Wellen zwischen Baumriesen und Lianen dahin. Doch einmal im Jahr statten hohe Fluten dem Wald einen Besuch ab, und das Wasser spielt zwischen hohen Stämmen eine neue Melodie. Wenn die Schwemme vorbei ist, beruhigt sich der Fluss und wartet aufs nächste Jahr – und auf neue Wellen.

Einen **Hellroten Ara** trifft man selten allein. Die Vögel leben in großen Gruppen und haben manchmal mehr als zwanzig Nachbarn. Aras halten sich auf Bäumen auf, können aber auch am Boden nach Nahrung suchen.

Der **Flachlandtapir** frisst Früchte, deren Samen er mit der Verdauung wieder ausscheidet. So kann sich die Pflanze verbreiten. Das ist gut für die Luft, denn die Blätter nehmen das Gas Kohlendioxid aus der Luft auf, das dafür verantwortlich ist, dass die Erde immer wärmer wird.

Früher stieg das Wasser nicht so hoch an den Stämmen empor. Doch mittlerweile muss der **Wald** größere Extreme aushalten: Die Überschwemmungen werden heftiger und die Stürme stärker. Das liegt daran, dass sich auf der ganzen Welt Temperaturen und Luftströmungen verändern, was sich auch auf die Flüsse auswirkt.

Wenn der Wald überschwemmt ist, können die **Totenkopfaffen** nicht vom Baum herunterklettern. Aber sie leben ohnehin viel lieber in den Baumkronen. Indem sie von Ast zu Ast klettern oder springen, können sie weite Strecken zurücklegen.

Es ist kein Zufall, dass das Wasserschwein aussieht wie ein großes Meerschweinchen: Die beiden sind miteinander verwandt. Das Wasserschwein, oder **Capybara**, ist das größte Nagetier der Welt und lebt an Flüssen. Es kann gut schwimmen und kommt auch mit tiefem Wasser gut zurecht.

Ähnlich wie sein Verwandter der Piranha, lebt auch der **Schwarze Pacu** in Schwärmen. Die Fische ernähren sich unter anderem von Früchten, die von den Bäumen ins Wasser fallen. Mit seinem Kot verteilt der Pacu die verschluckten Samen bis zu fünf Kilometer weit im Wasser, bis sie an neuen Ufern landen.

Das Salz der Atacamawüste lässt den Boden erhärten und bestimmt das Leben in Hitze und Trockenheit. Wo am Tage die Luft über dem Sand flimmert, zeigt die Wüste nachts eine andere Seite: Im Dunkeln wird es kalt, und wenn der Morgen anbricht, funkeln Tautropfen an ausgedorrten Gräsern. Erst mit dem seltenen Regen wachsen schlummernde Samen zu bunten Oasen heran. Die Wüste erblüht.

In der Atacamawüste gibt es bizarre **Felsformationen**. Diese bestehen aus Lavagestein und sind ein Zeichen dafür, dass hier früher mal ein Vulkan ausgebrochen ist. Die erstarrte Lava hat Jahrtausende oder gar Jahrmillionen überstanden.

Viele **Pflanzensamen** können jahrelang im Boden liegen und bis zum nächsten Regen warten. Ist genug Wasser da, keimen sie alle auf einmal und nutzen die kurze Zeit, um sich fortzupflanzen.

Typisch für die Atacamawüste sind ihre großen Salzseen, die Heimat des **Andenflamingos**. Durch die steigenden Temperaturen der letzten Jahre schrumpfen die Seen immer mehr. Die Flamingos verlieren ihren Lebensraum und müssen auf andere Seeufer ausweichen.

Die **Atacama** ist eine der trockensten
Wüsten der Erde. Hier fällt nur einmal in vielen
Jahren Regen. Dann aber so viel, dass sich die
Wüste in Windeseile in eine blühende Oase
verwandelt. Die Blüte ist vorbei, sobald
das Wasser im Boden versickert.

Das Fell des **Grauen Andenfuchses**
tarnt ihn in der kahlen Umgebung. In der
Nacht, wenn es in der Wüste sehr kalt wird,
wärmt es ihn. So hält der Fuchs selbst
Minustemperaturen aus.

Die **Cuvier-Hasenmaus** lebt
in großen Gruppen und legt dafür
einen riesigen unterirdischen Bau an.
Die Tiere sind nachtaktiv und gehen
erst mit der Dämmerung auf die
Suche nach Gräsern und
anderen Pflanzen.

Der Wandel an der Nordsee treibt die Fluten des Meeres hinaus und ruft sie zurück. Doch Ebbe und Flut sind es nicht allein, die das Herz der Küste zum Schlagen bringen: Mit grünen Stängeln, die Sandkörner einfangen, und Blättern, denen weder Salz noch Wind etwas anhaben können, trotzen die Pflanzen hier jedem Extrem. Die Küste wächst, wenn man sie lässt. Doch der Wandel geht langsam vonstatten.

Zugvögel wie der **Knutt** legen lange Reisen zurück. Auf ihrem Weg in die Wintergebiete oder zu den Brutstellen machen sie im Wattenmeer eine Pause, um zu fressen und Energie zu tanken. Jedes Jahr versammeln sich so Millionen von Vögeln, die ihre Reise ohne diesen Zwischenstopp nicht schaffen würden.

Miesmuscheln sind im Wattenmeer heimisch. Sie heften sich mit dünnen Fäden an andere Muscheln und bilden so stabile Miesmuschelbänke. Darin finden viele kleine Tiere wie Garnelen oder Seeanemonen Unterschlupf.

An einer natürlichen Küste liegt häufig zwischen dem Strand und dem Landesinnern eine besondere Fläche: Eine **Salzwiese** entsteht, wenn Meerwasser den Boden überflutet und jedes Mal ein bisschen Sand zurücklässt. Darauf wachsen Pflanzen, und so wird die Salzwiese immer höher.

Niemand hätte geglaubt, dass die **Pazifische Auster** in der Nordsee überleben kann. Doch nun hat sie sich, trotz des kalten Wassers, hier angesiedelt und bildet gemeinsam mit Miesmuscheln stabile Riffe. Diese schützen vielleicht eines Tages die Küste vor dem steigenden Meeresspiegel.

Wellen nehmen Sand vom Strand mit zurück ins Meer. Doch der Boden der Salzwiese wächst im Laufe der Zeit so hoch, dass er immer seltener überschwemmt wird. Bei **Sturmfluten** bildet die Salzwiese einen guten Schutz gegen die heranrollenden Wellen, weil sie die Kraft des Wassers abbremst.

Der **Queller** kann in Salzwasser wachsen, ohne davon krank zu werden: Er lagert das Salz einfach in seinen fleischig grünen Stängeln ein. Die Pflanze gehört zu den ersten, die eine Küste besiedeln. Im Laufe der Zeit bleibt zwischen den Stielen so viel Sand hängen, dass sich auch andere Pflanzen ansiedeln können.

Das Flüstern des Wassers verändert sich, je nachdem, durch welchen Fluss es fließt. Wenn die Wellen von festen Ufern an neue Orte gelenkt werden, klingen sie gezähmt. Doch darf sich das Wasser seinen eigenen Weg suchen, werden die Wellen lebhafter. Grillen beginnen, im hohen Gras zu singen, und das Schilfmeer verbirgt Geheimnisse, die an künstlichen Ufern keine Heimat hätten. Lebendige Flüsse haben so viel zu erzählen.

Ringeltauben können auch in künstlich geschaffenen Gegenden leben. Sie finden Nahrung in der Stadt, halten sich aber lieber in Gärten und Parks auf.

Viele **Flüsse** wurden früher von Betonmauern eingefasst. So konnten Schiffe leichter am Ufer anlegen. Für die Natur blieb nicht viel Platz. Heute wird an vielen Flüssen der Beton entfernt, und der Fluss darf wieder frei fließen. So kehrt auch die Natur zurück.

Viele **Gräser** sind sehr robust und können fast überall wachsen – sogar in den Zwischenräumen von Pflastersteinen. Hier trotzen sie der Sonne, dem Regen und dem Wind, der ihre Samen auf das nächste freie Stück Erde weht.

Das Nest des **Teichrohrsängers** ist kunstvoll an mehreren Schilfhalmen befestigt. Dazu weben die Vögel lange Pflanzenteile um die Stängel herum. Wächst das Schilf, wird das Nest mit ihm in die Höhe gehoben.

Im Schilfmeer ist die **Rohrdommel** durch die Farbe ihres Gefieders besonders gut vor Feinden geschützt. Wenn sie sich bedroht fühlt, hebt sie den Schnabel zum Himmel und streckt sich: Dann verschwimmt das Muster auf ihrer Brust mit ihrer Umgebung, und sie ist kaum zu sehen.

Der **Graureiher** ist ein Lauerjäger: Er steht bewegungslos am Ufer und beobachtet das Wasser zu seinen Füßen. Schwimmt ein Fisch vorbei, stößt der Graureiher blitzschnell mit seinem langen Schnabel zu.

Nur an einem Fluss mit natürlichen Ufern, sauberem Wasser und vielen Fischen fühlt sich der **Fischotter** so richtig wohl. Er kann gut schwimmen und fängt seine Beute häufig tauchend.

Der **Flussregenpfeifer** mag die flachen Ufer eines natürlichen Flusses. Hier kann er sicher brüten und findet Nahrung wie Spinnen, Würmer und Larven.

Der japanische Fuji ist jedes Jahr Zeuge eines farbenprächtigen Wandels. Im Winter, wenn sein Gipfel schneebedeckt ist und die Bäume am Fuß des Berges ihre kahlen Äste in die Luft recken, scheint es, als würde die Natur den Atem anhalten. Doch kaum wird die Luft wärmer, und die ersten Blätter begrünen die Zweige, hat das Warten ein Ende: Dann breitet sich ein rosa Blütenmeer aus und verwandelt die Welt für kurze Zeit in ein sanftes Wehen aus zartem Blütenschnee.

Die Zweige der **Japanischen Blütenkirsche** sind im Winter kahl und tragen höchstens ein paar geschlossene Winterknospen. Dann ist besonders gut zu sehen, dass die Blütenkirsche, verglichen mit anderen Bäumen, eine sehr dunkle Rinde hat.

Der höchste Berg Japans, der **Fuji**, ist ein aktiver Vulkan. Anders als andere Vulkane ist er schon seit Langem ruhig. Sein Gipfel liegt so hoch, dass dort fast das ganze Jahr über Schnee liegt.

Die **Kirschblüte** beginnt, wenn im Frühling die Luft wärmer wird. Doch seit einiger Zeit endet der Winter immer früher im Jahr, und die Luft erwärmt sich viel schneller. Das hat dazu geführt, dass die Kirschblüte immer früher beginnt.

Den **Japanbrillenvogel** erkennt man an seinem grau-grünen Gefieder und dem weißen Augenring. Er ernährt sich von Insekten, aber auch von süßem Nektar. Auf der Suche nach Nahrung hängen die Vögel auch schon mal mit den Füßen kopfüber von einem Ast herunter.

Die weißen Blüten der **Kamelie** leuchten weithin sichtbar. Ihr Nektar lockt nicht nur Vögel an, sondern auch viele Insekten. Die Pflanze wächst als Strauch und kann mehrere Meter hoch werden.

Vermutlich wurde der **Asiatische Moschusbockkäfer** mit Holzlieferungen oder Verpackungsmaterial aus anderen Teilen Asiens nach Japan eingeschleppt. Die Larven des Käfers fressen das Holz lebender Bäume und können so auch eine Gefahr für Japans berühmte Kirschbäume darstellen.

Lange ist das Meer ruhig vor Südafrika. Doch einmal im Jahr sind sie plötzlich da – die Sardinen. Silbrige Flossen schlagen im selben Takt, und Millionen schuppiger Schwänze bewegen sich im Einklang mit ihren Nachbarn. Aber im Wasser lauern auch Gefahren: Gemeinsam treiben hungrige Räuber ihre Beute zusammen. Für einen Moment herrscht Einigkeit im Meer. Wer jagt, achtet nur auf das Funkeln im Wasser.

Selbst für wendige Schwimmer, wie die **Südafrikanischen Seebären**, sind Sardinen keine leichte Beute. Einem einzelnen Räuber können die Fische leicht entwischen. Deshalb warten die Seebären ab, bis auch andere Räuber eintreffen, mit denen sie sich für die Jagd zusammenschließen. Gemeinsam mit den Seebären treiben die **Gelbflossen-Thunfische** den Sardinenschwarm an die Wasseroberfläche. Dabei greifen die Thunfische vor allem von unten an und schneiden den Sardinen den Rückweg ins tiefe Wasser ab.

Sowohl der **Langschnäuzige Gewöhnliche Delfin** als auch junge **Schwarzhaie** leben und jagen in großen Gruppen. Gemeinsam umkreisen sie den Schwarm und treiben die Sardinen eng zusammen. So schwimmt die Beute dicht beieinander und ist leichter zu packen.

Einmal im Jahr wandern Millionen von **Sardinen** die afrikanische Küste entlang und folgen einer kalten Strömung. Der Schwarm ist so groß, dass er sogar aus dem All zu sehen ist. Die Fische begeben sich auf die gefährliche Reise, weil sie auf der Suche nach Nahrung und Partnern sind.

Wenn die Jäger unter Wasser
die Sardinen an die Oberfläche treiben,
schlägt die Stunde der **Kaptölpel**, die eine
besondere Jagdmethode haben: Die Vögel
lassen sich mit hoher Geschwindigkeit vom
Himmel fallen und tauchen mehrere
Meter tief ins Wasser – mitten in
den Fischschwarm hinein.

Statt Zähnen trägt der **Brydewal** Barten im Maul.
Das sind feste, aber biegsame Platten aus Horn, die dicht
hintereinander vom Oberkiefer herunterhängen. Beim Fressen
füllt der Wal sein Maul mit Wasser und Fischen. Dann schließt
er es und drückt das Wasser durch die Barten nach außen,
während die Sardinen verspeist werden.

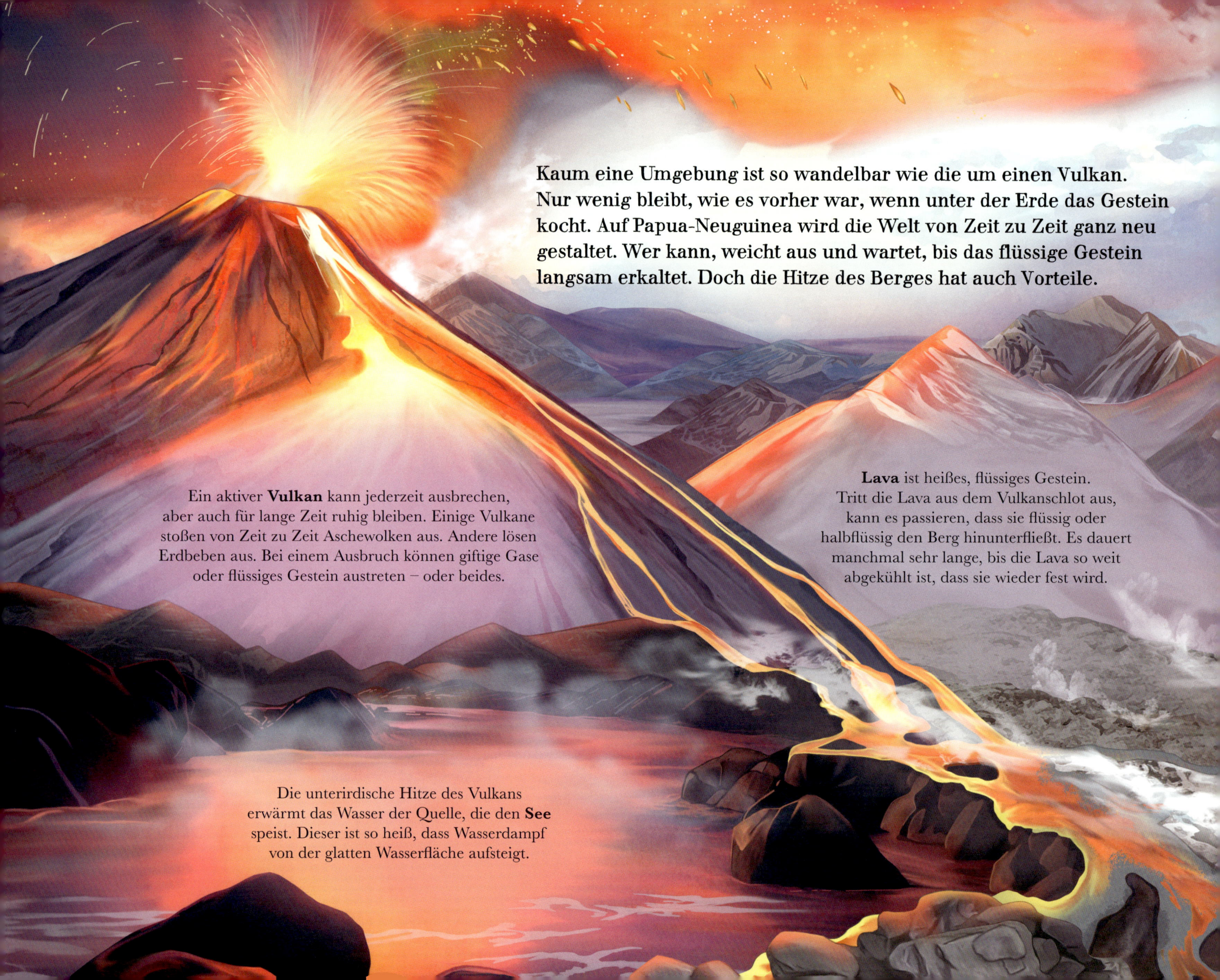

Kaum eine Umgebung ist so wandelbar wie die um einen Vulkan. Nur wenig bleibt, wie es vorher war, wenn unter der Erde das Gestein kocht. Auf Papua-Neuguinea wird die Welt von Zeit zu Zeit ganz neu gestaltet. Wer kann, weicht aus und wartet, bis das flüssige Gestein langsam erkaltet. Doch die Hitze des Berges hat auch Vorteile.

Ein aktiver **Vulkan** kann jederzeit ausbrechen, aber auch für lange Zeit ruhig bleiben. Einige Vulkane stoßen von Zeit zu Zeit Aschewolken aus. Andere lösen Erdbeben aus. Bei einem Ausbruch können giftige Gase oder flüssiges Gestein austreten – oder beides.

Lava ist heißes, flüssiges Gestein. Tritt die Lava aus dem Vulkanschlot aus, kann es passieren, dass sie flüssig oder halbflüssig den Berg hinunterfließt. Es dauert manchmal sehr lange, bis die Lava so weit abgekühlt ist, dass sie wieder fest wird.

Die unterirdische Hitze des Vulkans erwärmt das Wasser der Quelle, die den **See** speist. Dieser ist so heiß, dass Wasserdampf von der glatten Wasserfläche aufsteigt.

Während der Paarungszeit versammeln sich die **Großen Paradiesvögel** jedes Jahr an den gleichen Bäumen. Dann balzen die Männchen mit komplizierten Tänzen um die Weibchen und präsentieren ihre langen Federn.

Das **Bismarckhuhn** macht es sich beim Brüten gerne einfach: Anstatt selbst auf den Eiern zu sitzen, vergräbt es sie lieber im warmen Sand am Hang eines aktiven Vulkans. Hier ist der Boden das ganze Jahr über warm, selbst wenn der Vulkan seit Jahren nicht mehr ausgebrochen ist.

Die **Papua-Weichschildkröte** lebt in Flüssen und kann sehr gut schwimmen und tauchen. Während der Trockenzeit legen die Weibchen ihre Eier in den Sand des Flussufers. Sind die Jungtiere vollständig entwickelt, schlüpfen sie alle gemeinsam.

Rot lodert der Himmel, wenn Funken aus trockenen Wäldern emporsteigen und Bäume unter der Last der Hitze knacken. Australische Buschfeuer schaffen Platz im Wald und sind kein Problem für Pflanzen, die unter der Erde ausharren können. Die heißen Flammen sind ein Helfer für Keimlinge, die aus feuergeküssten Samen wachsen und auf aschebedeckten Böden Nahrung finden. Licht fällt nach unten auf frei gewordene Flächen und lässt neues Leben sprießen.

Häufig ist der dickstämmige **Australische Grasbaum** in den unteren Schichten von Eukalyptuswäldern zu finden. Für diese Pflanze ist ein Buschbrand kein Problem: Ihre empfindlichen Teile liegen unterirdisch und überleben das Feuer. Nach dem Brand treiben die vielen dünnen Blätter der Pflanze neu aus.

Buschbrände kommen in Australien häufig vor. Doch in letzter Zeit werden sie größer und dauern länger. Das liegt wahrscheinlich daran, dass heute eine größere Trockenheit herrscht als früher. Die andauernden Feuer werden zum Problem für Tiere, die ihren Lebensraum verlieren und nicht in andere Gebiete ausweichen können.

Der **Eukalyptusbaum** enthält brennbare Öle, die einen Waldbrand fördern. Der Eukalyptus ist ein Pyrophyt – so nennt man Pflanzen, die das Feuer nicht zerstört, sondern deren Wurzeln und Samen die Flammen unbeschadet überstehen. Nach einem Brand kann die Pflanze neu wachsen und hat viel Platz, weil andere Pflanzen verschwunden sind.

Die Blätter des Eukalyptusbaums sind für die meisten Tiere giftig. Doch für den **Koala** stellen sie seine Hauptnahrung dar. Beim Fressen schnuppert der Koala zuerst an den Blättern und erkennt so die Pflanzenteile mit dem wenigsten Gift – die sind für ihn leichter verdaulich.

Anders als andere Säugetiere, bringt der **Kurzschnabeligel** keine lebenden Jungtiere zur Welt, sondern legt Eier. Das hat er mit seinem Verwandten, dem Schnabeltier, gemeinsam. Kurzschnabeligel kommen erst in der Dämmerung zum Vorschein und tragen Stacheln zum Schutz vor Feinden.

Weit unten im Süden, in der Antarktis, ist der Wandel ein täglicher Gast.
Hier verändert das Wasser beständig sein Gesicht: Von eisigen Wellen zu
hartem Eis, von fester Küste zu kaltem Meerwasser. Es ist fließend oder
scharfkantig oder bildet eine undurchdringliche Eisdecke. Doch auch wenn
das Wasser sich wandelt, bleibt es doch Teil eines ewigen Kreislaufs.

Das Schelfmeer gefriert häufig an der
Oberfläche. Das liegt daran, dass die Luft so
kalt ist. Das Eis, das dann entsteht, heißt
Schelfeis. Es schwimmt auf dem Meer und
kann mehrere Hundert Meter dick werden.

Adeliepinguine halten sich meistens
auf dem Eis auf. Ihre Brutgebiete liegen jedoch an
felsigen Küsten. Das Nest besteht aus kleinen Steinen,
die zu einem Haufen zusammengeschoben werden.
Immer ist es das Pinguinmännchen, das ein
einzelnes Ei alleine ausbrütet.

Wenn ein Gletscher aus Eis immer größer wird und dann ein Stück von ihm abbricht, nennt man das „kalben". Kalbt ein Gletscher, löst sich ein Stück und treibt als **Eisberg** aufs Meer hinaus. Das passiert immer wieder, aber in den letzten Jahren vermehrt, weil die Luft immer wärmer wird.

Die flachen **Tafeleisberge** entstehen, wenn ein Stück Eis vom Schelfeis abbricht und aufs Meer hinaustreibt. Das gefrorene Wasser bleibt dann im Eisberg gebunden und gelangt nicht ins Meer.

Kaum ein Vogel brütet so weit südlich wie die **Südpolar-Skua**, die zu den Raubmöwen gehört. Skuas finden ihre Nahrung an vielen Orten. Sie ernähren sich von Krillkrebsen, den Eiern anderer Vögel, Fisch, Fleisch und Abfällen.

Die Landmasse des antarktischen Kontinents, die sich unter Wasser befindet, heißt Schelf. Hier ist das Meer flacher als weiter draußen, wo der Boden nach unten abfällt. Das Meer über dem Schelf nennt man **Schelfmeer**.

Im Laufe der letzten Jahre wird die Luft auf der Erde immer wärmer. In der Antarktis schmelzen viele Eisberge, und ihr Wasser fließt ins Meer. Das merkt man dann an den **Küsten**, wo das Wasser höher steigt als früher. So verändert sich nicht nur die Antarktis, sondern Lebensräume auf der ganzen Welt.

Der schlanke Körper und die langen Flossen des **Seeleoparden** machen ihn besonders schnell und wendig. Er jagt Pinguine und andere Robben. Doch er kann auch Krillkrebse aus dem Wasser filtern, die dabei zwischen seinen Zähnen hängen bleiben.